AF260099

SOUVENIRS

DE LA

SAINT-MICHEL

29 septembre 1880

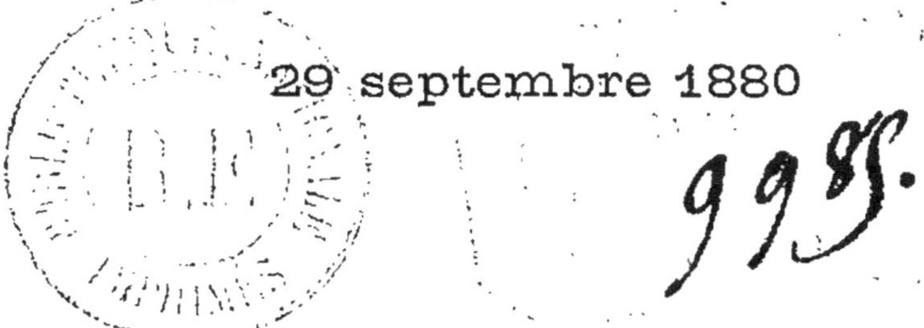

Avant-Propos, par M. ADRIEN MAGGIOLO,

Discours du général BARRY,

du général baron DE CHARETTE, — de M. ERNOUL,

de M. ANDRÉ BARBES, — Epiogue.

PARIS

CHARLES FORESTIER, LIBRAIRE-ÉDITEUR

25, RUE LAS-CASES, 25.

—

1880

NOC
U QUE INCUBA
TU DI
N D
G
C. F.

Le 29 septembre, dans toute la France, a été fêté l'anniversaire d'une naissance Royale.

En face, d'une république qui porte ses mains grossières et tyranniques sur tous les droits et sur toutes les libertés, de bons et courageux citoyens se sont levés de toutes parts pour saluer les traditions anciennes, les espérances prochaines de la patrie.

Ici c'est à l'église, au pied des autels, que l'on s'assemble pour dire à Dieu l'urgence du salut ; là c'est dans un banquet confraternel que l'on s'unit pour crier ensemble : VIVE LE ROI !

Sainte Anne, la patronne de la Bretagne, ouvre son sanctuaire vénéré aux pèlerins, tandis qu'à Montmartre ou à Saint-Mandé, les ouvriers s'attablent. L'élan est le même, à travers les différences de mœurs de nos vieilles provinces.

D'admirables discours sont prononcés au milieu de l'émotion la plus patriotique et des plus chaleureux vivats.

Nous voudrions tous les réunir ici. La presse royaliste en a donné à ses lecteurs de précieuses séries; mais ce serait un gros volume, et il faut nous borner.

Nous en prendrons donc quatre, et nous voici encore embarrassés, puisque tous sollicitaient notre choix, puisque tous étaient également inspirés par la plus pure loyauté, la fidélité la plus constante, le dévouement au pays le plus absolu. Voici comment nous allons nous déterminer.

Nous donnerons d'abord celui de M. le général Barry, le vainqueur de Coulmiers, à Perpignan. C'est l'armée qui parle; c'est un vieux soldat, plein de gloire et d'honneur, qui vient nous dire : La France veut le Roi !

Nous donnerons celui du général baron de

Charette, le zouave immortel de Castelfidardo et de Loigny, qui vient, à Toulouse, dire à tous les catholiques : Dieu veut le Roi !

Nous donnerons celui de M. Ernoul, le savant jurisconsulte, l'éloquent avocat, l'ancien garde des sceaux, qui vient, à Nantes, dire au nom du droit : La loi veut le Roi !

Nous donnerons celui du vaillant André Barbes, qui, dans un banquet présidé par un ouvrier, à Saint-Mandé, vient au nom des travailleurs dire : Le peuple veut le Roi !

Le Roi ! le Roi ! Oui, tous nous voulons le Roi :

Pour la liberté de nos consciences ;

Pour la liberté et le respect des âmes de nos enfants ;

Pour la protection des autels où nous avons été baptisés et des croix à l'ombre desquelles dorment nos pères ;

Pour l'indépendance de la magistrature ;

Pour la discipline dans l'armée ;

Pour les frontières gardées ;

Pour l'influence pacifiquement reconquise en Europe;

Pour la sécurité du travail garanti à l'honnête et laborieux ouvrier;

Pour le commerce et pour l'industrie libres de déployer leur activité ;

Pour l'agriculture, cette mère nourrice, protégée contre l'invasion des produits étrangers;

Pour les finances de l'État ménagées et les impôts modérés;

Pour la justice rendue à tous, pour le mérite reconnu, la vertu récompensée, le crime puni et la délation muselée :

Oui, pour tout cela, nous voulons le Roi, et nous l'aurons. Dieu nous le rendra; et saint Michel, que nous avons fêté le 29 septembre, ramènera, s'il le faut, ses légions célestes, pour combattre et foudroyer la Révolution, cette bâtarde de Satan.

Vive le Roi! vive le Roi !

Vicomte ADRIEN MAGGIOLO.

DISCOURS DU GÉNÉRAL BARRY

MESSIEURS,

Ou plutôt, laissez-moi vous dire : mes amis! car c'est à mes vieux amis du Roussillon que je m'adresse, car c'est à cette amitié créée et cimentée par la grande et noble cause que nous servons ensemble que je dois, entre un si grand nombre de vos concitoyens beaucoup plus dignes que moi, à coup sûr, de vous parler de nos vœux et de nos espérances communes ; que je dois l'insigne honneur d'avoir été appelé à présider cette belle assemblée royaliste, honneur dont je suis trop fier pour avoir songé à le décliner, et dont je vous remercie

tous, et plus particulièrement les chers or-
ganisateurs de ce banquet.

Quelle est donc la pensée qui nous réunit
en cet anniversaire, salué, il y a soixante
ans, par les plus purs tressaillements de joie
de la patrie, si prospère et si heureuse alors,
et par les sympathies du monde entier? Cette
pensée, mes amis, c'est l'élan de nos cœurs
vers cette Royauté légitime qui porte en elle
seule à la fois le salut, l'honneur et la dignité
de la France ; c'est l'élan de nos cœurs vers
le noble Exilé, vers l'auguste héritier de
soixante Rois, que Dieu tient en réserve pour
l'heure, plus prochaine qu'on ne pense, de
l'accomplissement de ses desseins ; qui attend
cette heure avec une confiance que rien ne
peut abattre ; qui n'a pas une seule faute à se
reprocher ni vis-à-vis de lui-même ni vis-à-vis
de la France ; qui, pur de toute ambition
personnelle, n'a jamais eu d'autre guide que
sa conscience, d'autre règle que son honneur et
son devoir ; qui n'aspire à régner que pour
finir la révolution et sauver son pays ; dont
la droiture, la constance et l'inflexible fermeté
dans le bien ont dû forcer le respect même de
ses adversaires ; qui, enfin, est peut-être, à

l'heure qu'il est, au milieu de la plupart de ces maisons souveraines d'Europe plus ou moins envahies par l'esprit révolutionnaire, qui les mine ouvertement et les engloutira tôt ou tard, à une époque où tout est perdu ou compromis par l'avilissement des caractères; qui est, dis-je, le seul caractère vraiment royal qu'il soit donné à notre génération de contempler.

Voilà, mes amis, voilà le Roi que Dieu, par un *miracle* évident de sa toute-puissance, a fait naître il y a soixante ans, à pareil jour, pour arracher, après les expiations nécessaires, la nation de son choix et de ses prédilections au torrent d'iniquités, de hontes et d'infamies qui, à l'heure qu'il est, s'étalent impudemment au soleil de la patrie et menacent de tout engloutir.

Oui, mes chers amis, Henri-Dieudonné de Bourbon porte en lui, et en lui seul, le salut de notre pays; oui, Henri V sauvera la France : il le peut, il le doit, il le veut; et quand, dans sa sagessse et sa clairvoyance supérieure, Celui qui a dit : *Je respecte mon pays autant que je l'aime, et je ne le troublerai jamais*

1.

par des tentatives insensées, nous fera signe enfin que l'heure de la délivrance est arrivée, alors on verra si le cœur de la France a cessé de battre pour la Royauté, alors un immense cri de : « Vive le Roi ! » retentissant d'un bout de la France à l'autre, en enfouissant civilement et définitivement tous ces ignobles refrains de haine et de mort qui ont trop longtemps déshonoré les vieux et nobles échos de la terre de France, renversera d'un souffle tous les obstacles, et la Monarchie sera faite, et tout alors rentrera dans l'ordre ; et la France, notre chère et belle patrie, heureuse, forte et respectée, reprendra, au milieu de tous les progrès des temps modernes, qu'elle décuplera par la stabilité, le cours pacifique, régulier et glorieux de ses destinées.

Oui, mes amis, avec le Roi légitime, entouré de tous les princes de sa Maison; avec le Roi très chrétien, régnant en vertu de son droit et fort de l'acquiescement respectueux de l'Europe et de l'amour de son peuple, tout, comme par enchantement, sera remis à sa place.

La religion, premier fondement de toute

société humaine ; la religion, honnie et tor-
turée aujourd'hui par d'ineptes sectaires,
sera honorée et protégée, sans que le prêtre,
l'évêque ou le religieux, tranquilles désormais sur leur sort et sur le sort de l'Église,
songent jamais à s'écarter de leur ministère
sacré.

La famille, attaquée dans son principe
même, c'est-à-dire dans l'autorité paternelle,
sera rétablie sur sa base divine ; et le père
donnera à ses enfants, en pleine liberté, tout
en se conformant aux lois, l'éducation, l'ins-
truction et les maîtres de son choix.

La justice, assurée dans son personnel
par une magistrature indépendante et honorée, sera égale pour tous.

L'administration, qui envahit tous les services publics et la justice elle-même, rentrera dans ses attributions de protectrice
des personnes et des intérêts, et recouvrera
son ancien prestige.

L'armée enfin, notre belle et grande armée,
sur laquelle frappe chaque jour à coups re-
doublés le bélier révolutionnaire, immolant,
avec l'esprit militaire, avec les traditions,

avec les droits acquis, avec les principes sacrés de discipline et de respect de la règle, l'antique honneur des armes ; cette noble armée, seul palladium de la patrie, dont les insensés ne rêvent de faire, avec des chefs politiciens, qu'un instrument de république ; l'armée, dans la main tutélaire du Roi, son chef auguste et vénéré, recouvrera naturellement et sans effort sa dignité et ses vertus ébranlées, non perdues.

Oui, mes amis, c'est le Roi, c'est notre Roi qui, par la force du droit, de la vérité et des principes, autant que par sa haute intelligence, ses connaissances approfondies en toutes choses, sa volonté et sa droiture, accomplira tous ces miracles.

Et qu'on ne vienne pas nous dire que ce sont là les présents du despotisme, et qu'une nation avancée et fière comme la France moderne doit préférer les inconvénients et les agitations de la liberté aux prospérités et à la gloire elle-même sous un maître. Eh ! qui donc en France songe au despotisme ? A l'exception des républicains, qui suppriment effrontément, au nom de la liberté, toutes les libertés nécessaires, personne n'en veut du despotisme. Pour mon compte, je l'ai en horreur, et je suis certain que tous ici vous pensez comme moi. Mais Monseigneur le Comte de Chambord, qui, quoi qu'on en dise, est de son temps comme nous tous, l'a en horreur autant que nous. Toutes ses déclarations respirent le plus large libéralisme ; le maintien et le respect des libertés publiques sont, en vue de l'exercice du pouvoir, sa constante préoccupation ; sa plume les rappelle dans chacun de ses manifestes, et il n'est permis à personne de douter de cette parole royale qui n'a jamais trompé.

C'est en faussant l'histoire, c'est pour dénigrer nos Rois qu'on a accusé la vieille Monarchie française de despotisme ; et Louis XIV lui-même, séparant avec soin l'homme du roi, n'ordonnait-il pas à ses magistrats, s'il leur enjoignait des prescriptions contraires à la loi, de lui *désobéir sous peine de désobéissance ?*

Arrière donc ces fantômes de despotisme dont rient en eux-mêmes ceux qui les créent et les exploitent ! et soyons assurés que, sous le sceptre paternel de Henri de Bourbon, en pleine possession de notre dignité d'homme et de Français, nous serons, en même temps que les sujets dévoués du Roi, les citoyens libres de la plus glorieuse Monarchie du monde.

Il est encore une accusation qu'il faut combattre et repousser avec indignation partout où elle se rencontre, parce qu'elle est la plus sensible au Roi, qu'elle blesse cruellement dans son patriotisme et dans son grand cœur : c'est celle qui tend à représenter Monseigneur le Comte de Chambord comme satisfait de son rôle platonique de prétendant en exil, des hommages qui lui sont décernés, et à insinuer hypocritement que, par crainte ou par indifférence, il ne tient pas à assumer le fardeau et à affronter les périls de la Royauté en exercice.

Je le répète, cette accusation n'est qu'une perfidie et une injure au Roi. Monsieur le Comte de Chambord est, avant tout, pénétré de sa mission ; il sait les grands devoirs que cette mission lui impose, et il est résolu à les remplir tous, au prix même de sa vie ; il veut être à la peine, dût-il même, ce qu'à

Dieu ne plaise! n'être pas à l'honneur. Il sait qu'il est destiné à sauver et à relever cette France faite par ses aïeux, il sait que lui seul peut la sauver en l'arrachant à la Révolution; et, avec l'aide de Dieu, soutenu aussi par une ardeur et une confiance qui ne se sont jamais, je ne dis pas démenties, mais même affaiblies un seul instant, il la sauvera.

Si vous me demandez maintenant d'où viennent au Roi cette ardeur et cette confiance invincibles, je vous répondrai qu'il les puise d'abord et avant tout dans son droit, dogme politique et national qui le met en dehors et au-dessus de tous les partis, ainsi que dans le triomphe infaillible, tôt ou tard, de ce droit sacré; et, en second lieu, dans l'observation attentive et éclairée des faits et des événements qui se déroulent chaque jour sous son regard vigilant.

Croyez-vous, dès lors, que, du fond de son exil, il n'ait pas vu, comme nous et avant nous, qu'après un douloureux et tragique événement qui est venu naguère briser tout à coup le danger très sérieux d'une restauration impériale, devant cet autre fait providentiel de l'union accomplie et indissoluble de toute la Maison de France ; croyez-vous qu'il n'ait pas vu que la Monarchie, c'est-à-dire la Royauté légitime, dont il est le dépositaire, se trouve seule désormais en face de la Révolution ?

Je dis seule désormais, car vous me permettrez de ne pas tenir compte d'une compétition qui se présente timidement encore, il est vrai, sous les traits d'un prince trop connu, démagogue et républicain, dont le nom, dans son parti même, est synonyme d'impiété et de révolution. Ce prétendant césarien à la présidence de la République ne saurait, quoi qu'on fasse, être pris au sérieux par aucune opinion conservatrice ; et vous penserez avec moi que sa seule place est marquée, si on l'y accepte, dans les derniers rangs du radicalisme.

Quant aux survivants du grand parti impérialiste — et ils sont nombreux — dont les principes religieux et sociaux sont identiques aux nôtres, et dont nous respectons pronfondément la fidélité, les souvenirs et les regrets, ils peuvent, sans crainte et sans faiblesse, imitant de nobles exemples, venir en toute confiance au Roi, qui leur ouvre ses bras, comme nous leur ouvrons les nôtres, assurés qu'ils peuvent être que leurs services passés et leur aptitude aux affaires leur donneront une juste part à la restauration de l'édifice monarchique.

Il n'y a donc plus en présence aujourd'hui que la République et la Monarchie ; et l'heure ne peut être éloignée où notre malheureux pays, un pied déjà dans l'abîme, se souviendra encore une fois qu'il ne lui reste d'autre refuge et d'autre port de salut que dans cette vieille Monarchie des Bourbons, dont le digne héritier, modèle de toutes les vertus, rappellera, sur le trône, les grandes figures de saint Louis et de Henri IV ; et rien qu'à vous voir déborder ici d'enthousiasme au seul nom du Roi, je puis répondre que les braves enfants du Roussillon, pour être les plus loin par l'espace, seront les plus près par le dévouement, et, quand aura sonné l'heure marquée par Dieu et par la force des choses, voudront être les premiers à proclamer le Roi.

C'est dans ces sentiments patriotiques et essentiellement roussillonnais, qui sont aujourd'hui ceux de toute la France honnête et désabusée, que je vous convie à vous unir

à moi pour porter le toast royal, le toast de
l'espérance et de l'amour.

Allons, mes amis ! avec l'effusion du cœur,
avec le dévouement du vrai royaliste, avec le
bruit du canon, qu'un cri unanime parte
de nos poitrines, et aille, sur l'aile des échos
de Frohsdorf, adoucir les longues et dures
angoisses du royal Exilé.

Vive le Roi !

DISCOURS DU GÉNÉRAL BARON DE CHARETTE

Messieurs,

Je suis fier et reconnaissant de l'honneur que vous m'avez fait en m'appelant au milieu de vous, pour célébrer la fête de notre Roi. — Cet honneur, c'est à mon régiment que je le dois. C'est un zouave qui s'est rendu à votre appel : c'est donc au nom du régiment, Messieurs, que je vous remercie. — C'est aussi le Vendéen qui vient à Toulouse. Entre mon pays et le vôtre, il y a une affinité de cœur et de sentiments qui est bien faite pour que nous nous comprenions : il y a le dévouement au Roi, c'est-à-dire à la France.

Je doute, Messieurs, que les plus grands

optimistes puissent aujourd'hui conserver la plus petite illusion ; je doute qu'il puisse y avoir avec la République des accommodements. — En face des périls qui nous menacent de tous côtés, le moment des restrictions est passé. Il est temps que nous arborions hardiment notre drapeau. Je ne vous apprendrai pas qu'il est blanc. Oh ! soyez tranquilles : je ne veux pas soulever une question irritante, qui demain peut-être ne le sera plus ; mais je veux envisager avec vous nettement la situation.

L'homme habile qui, aujourd'hui, préside à nos destinées, se croit assez fort pour éluder certains contrats qu'il n'a peut-être pas explicitement souscrits, mais que son passé et ses moyens de parvenir lui imposent inexorablement, lui imposent comme le plus terrible de tous les serments. Il croit, il dit du moins, et beaucoup avec lui, que l'avenir du monde est à la démocratie, et que l'Europe monarchique a fait son temps. Il veut une république démocratique, s'appuyant sur le rationalisme comme base morale et sur les intérêts matériels comme moyen de gouvernement. Il appelle l'avènement de nouvelles couches sociales, et pense gouverner avec elles et par elles. Pour conserver une position acquise, tous ces hommes n'hésiteront pas à se jeter dans toutes les aventures et à y entraîner la France avec eux. En un mot, grâce à leur adresse, ils croient être assez forts pour dominer la situation. Ils se trompent tous, et leur chef avec eux : car ils obéissent, peut-être sans le savoir, à une puissance formidable, qui s'appelle la Révolution. Ils seront punis par où ils ont péché, car la Révolution les abandonnera le jour où ils auront accompli leur tâche.

La Révolution n'est que la désorganisation ; c'est le germe de la décomposition sociale. Depuis des siècles, elle marche droit à son but, tantôt avec audace et tantôt avec lenteur, tantôt sous un masque hypocrite et tantôt à visage découvert ; elle va poursuivant de sa haine tout ce qui tient à l'idée surnaturelle de nos devoirs, tout ce qui se rattache au principe d'autorité.

Appelez-la comme vous voudrez : franc-maçonnerie, secte ou radicalisme, qu'importe ? le nom n'y fait rien : c'est l'esprit

humain insurgé ; ce sont les passions révol-
tées jetant à la face du Ciel ce cri aussi vieux
que le monde : *Non serviam !* « Je ne servi-
rai pas ! » c'est le désir des jouissances im-
médiates, au mépris d'une autre vie ; c'est
la loi du nombre et la raison du plus fort
substituées au droit et à l'équité ; c'est la tyrannie de la foule, tyrannie sans appel et sans
recours, substituée aux conseils d'une monarchie responsable devant le pays, devant l'histoire et devant Dieu ; c'est la désorganisation dans les idées morales, dans l'État
et dans la famille.

Eh bien ! non : l'avenir de la France n'est
pas à la Révolution ; il est à la Monarchie
légitime.

Ne croyez pas que je cherche à vous donner
des illusions. C'est en descendant au fond de
ma conscience que je vous affirme, avec cette
foi que Dieu m'a donnée, que je crois très
fermement à l'avenir monarchique de la
France. — Sur quoi s'appuient nos ennemis ?
Sur le nombre ? Écoutez les paroles d'un
membre de la Commune, M. Ranc, passé opportuniste. Il écrivait, le 18 septembre, dans

le journal *le Voltaire :* « Même à Paris, il n'y a
« certainement pas vingt pour cent d'enterre-
« ments civils. Pour les autres actes princi-
« paux du culte, mariage, baptême, pre-
« mière communion, la proportion des libres
« penseurs, purs de tout alliage et de tout
« compromis, est dérisoire.

« Voulez-vous rire un brin ? tentez l'expé-
« rience suivante : Vous êtes dans une réu-
« nion composée de partisans résolus de la
« séparation de l'Église et de l'État, de la
« suppression immédiate du budget des cultes.
« Prenez la parole et posez à votre auditoire
« cette simple question : Citoyens, combien
« y en a-t-il parmi vous qui, depuis leur
« majorité, depuis qu'ils sont électeurs, n'ont
« eu, ni par eux-mêmes, ni par leurs femmes,
« ni par leurs enfants, aucun rapport avec l'É-
« glise ? Vous verrez l'effet et combien sera
« réduit le nombre de ceux qui se lèveront et
« diront : Moi !

« Une chose dernièrement m'a frappé.
« J'accompagnais au cimetière Montmartre
« mon pauvre ami Parent. Il y avait foule
« dans les rues sur le passage du convoi.

« Les hommes se découvraient ; presque
« toutes les femmes, neuf sur dix au moins,
« faisaient le signe de la croix. Je sais bien
« que pour beaucoup ce n'est qu'une forme
« du salut ; mais cela ne prouve pas moins
« combien les habitudes catholiques nous
« ont passé dans le sang. »

Et remarquez-le : c'est de Paris qu'il s'agit,
de ce Paris qu'on nous représente comme le
fief spécial de la Révolution !

Et en effet, Messieurs, je ne crois pas qu'un
peuple puisse *vivre* sans une idée surnaturelle. Le rationalisme avec ses conséquences,
le matérialisme avec ses jouissances immé-
diates, ne sont que des moyens grossiers qui
égarent les masses. Il leur faut, quoi qu'en
disent nos adversaires, un principe plus
élevé. Je suis de l'avis du citoyen Ranc : l'immense majorité des Français est catholique.
Nous sommes donc le nombre ; mais imitons
nos adversaires. Je vous l'affirme, si j'étais
républicain, je serais sans hésitation conséquent avec mon principe. J'aurais voulu,
comme les républicains, faire de l'État une
religion, dont je me serais, bien entendu,

installé l'un des grands prêtres ; j'aurais expulsé jésuites, congrégations religieuses ; j'aurais flatté les mauvaises passions pour les exploiter ; et que m'eût importé l'avenir, puisqu'il n'y a rien après la vie que..... l'enfouissement !

Mais, je le répète, je ne suis pas républicain : je suis catholique, et le plus grand nombre des Français l'est avec moi ; et *je veux mon Roi, parce qu'il est indispensable.* Seul il a dit courageusement : « On m'accuse d'être pour le Pape ; l'on a dit vrai. »

Les récriminations seraient inutiles aujourd'hui ; mais je ne puis m'empêcher de regretter, et beaucoup de mes amis sont de mon avis, que cette Aseemblée de 1871, composée presque entièrement de catholiques et de royalistes, n'ait pas cru pouvoir, n'ait pas voulu proclamer ni la religion d'État ni le Roi !

Aujourd'hui, nous voulons une religion d'État, ce qui n'est pas dire le culte de l'État. Mais nous voulons aussi le Roi, pour protéger cette religion d'État, dont il n'a pas besoin d'être le grand prêtre, puisqu'il reconnaît dans les matières religieuses l'autorité du Pape. Lui seul sait tout à la fois et s'incliner devant cette autorité spirituelle et ne rien abandonner de ses droits temporels.

Oui, nous voulons la reconstitution de la famille, une sage liberté, une loi pour régler dans une juste mesure les rapports des ouvriers avec les patrons, avec le capital, et résoudre cette grande question de l'avenir. Oui, nous voulons le Roi : car, lui revenant, chacun sera à la place acquise, soit par l'intelligence, soit par des services rendus à la patrie, et chacun y restera.

Mais il ne s'agit pas de faire des vœux ; il faut agir.

Qui est contre nous ? La magistrature ? Elle a fièrement montré qu'elle sait rendre des arrêts, jamais des services. — L'armée? Mais, quoi qu'on fasse, elle sera toujours la gloire la plus pure de la France. — Le nombre ? Je le demandais tout à l'heure, est-il contre nous ? Et d'ailleurs, laquelle de ses décisions fut jamais irrévocable ?

Oui, le Roi reviendra : car les idées religieuses ont fait de réels progrès depuis dix ans dans les hautes sphères ; et les révolutions, sachez-le bien, ne viennent jamais que d'en haut.

Messieurs, entendons-nous bien : il est temps d'agir ; il faut protester par tous les moyens qui sont en notre pouvoir. On expulse les jésuites, les congrégations religieuses : continuons à faire tous les sacrifices pour créer des écoles libres, et que la bienfaisance ne soit pas le droit exclusif de l'État. — On veut faire de nos enfants des républicains et des athées : faisons-en des catholiques et des royalistes. — On veut nous expulser des conseils généraux et municipaux : eh bien ! ayons le courage public de nos opinions dans nos professions de foi électorales.

Dans l'armée, forçons nos ennemis à confesser que les catholiques et les royalistes ne sont pas les moins bons soldats — ce qu'ils savent déjà. — Enfin, usons de la presse, de cette presse à laquelle nous devons cette justice, qu'elle combat vaillamment.

Mais surtout ne nous servons jamais d'un moyen que nous ne pourrions avouer : pas la plus petite concession ! pas le moindre sacrifice des principes que nous avons l'honneur de servir ! En un mot, que catholique veuille dire aujourd'hui royaliste.

Qu'on ne m'accuse pas d'exciter les passions : notre cause est si juste et si belle, que, quand bien même nous le voudrions, nous ne pourrions pas sortir du droit.

Pardonnez-moi une vieille image : elle est si juste ! L'horizon social et politique est bien noir ; mais il y a là-bas à Rome un phare lumineux. Mais, pour conduire le navire qui emporte nos espérances et la fortune de la France, il faut au gouvernail une main sûre, un pilote qui représente le Droit, la Justice et la Vérité : le Roi !

Je veux finir en vous répétant que jamais peut-être je n'ai été aussi heureux d'appartenir au régiment, puisqu'il me procure l'honneur d'être au milieu de vous. Zouave je suis, et zouave je resterai jusqu'à la mort.

Notre voie est toute tracée, quels que soient les événements. Nous restons fidèles à notre Dieu, à notre Roi, c'est-à-dire à la France, toujours prêts à combattre, soit contre les ennemis du dedans, soit contre les ennemis du dehors, selon l'ordre du jour du ministre de la guerre au jour de notre licenciement demandé par nous.

Nous sommes libres et indépendants, n'ayant rien accepté et tout refusé, pour rester fidèles à notre drapeau.

Messieurs, vous pouvez compter sur nous.

Debout, Messieurs, pour acclamer la vieille Toulouse redorant bientôt à son Capitole les fleurs de lis de France !

Vive le Roi !

DISCOURS DE M. ERNOUL

Messieurs,

Je crois qu'on a dit quelque part, il y a plusieurs jours, que le parti royaliste était mort, et qu'on pouvait bien dédaigner et regarder comme nul le cri d'espérance et d'amour dirigé vers l'exil. Non, Messieurs, le parti royaliste n'est pas mort, n'en aurais-je d'autre preuve que le spectacle qui m'est donné ici. Il m'est impossible de rencontrer un spectacle plus magnifique que celui que je vois devant mes yeux. Ici tous les rangs de la société sont confondus. A votre tête se placent ceux-là que vos suffrages librement exprimés ont envoyés dans nos Chambres politiques, ces vétérans de nos anciennes Assemblées, ces modèles de fidélité qui ont montré comment on savait donner son sang à la France et sa foi à son Prince.

Et cette foule réunie ici, confondue dans un même sentiment d'espérance et d'amour, pour affirmer la même croyance religieuse et politique, n'est-ce pas la même France et la même Bretagne ? Voilà le beau spectacle donné par cet auditoire. (Applaudissements.)

Je suis forcé ici d'exprimer un regret, car il s'est établi un échange où vous êtes dupes. Dans mon pays, le général de Charette assiste à une réunion identique à celle-ci, et vous êtes privés de l'avoir au milieu de vous. L'on m'a envoyé ici, c'est une excuse, mais je suis persuadé que vous êtes loin d'avoir gagné à l'échange.

Pourquoi sommes-nous réunis ici ? Je vais vous le dire aussi brièvement que possible, car je crois que l'heure n'est pas aux longs discours. Nous y sommes pour fêter un anniversaire, pour accomplir un devoir, et, entouré des reliques du passé, pour saluer notre espérance, pour placer sous la protection de la Royauté, non seulement notre foi et notre conviction politiques, mais encore l'espérance de recouvrer un jour notre liberté, que ceux qui ont escaladé le pouvoir ont enchaînée et foulée aux pieds. (Applaudissements.)

Il y a plus de cinquante ans, la vieille race était remontée sur le trône de ses pères; la France était redevenue belle et prospère à l'intérieur, pleine de dignité et de prestige devant l'Europe. La gloire, la richesse, les poètes, les artistes, cortège ordinaire de nos Rois, étaient revenus au milieu de nous. Et au sein de cette étonnante et rapide prospérité, un crime fut commis : le bras d'un sectaire frappa celui qui devait continuer la grande race. Mais bientôt, de ce rameau desséché un enfant naquit, et, il y a soixante ans, Paris enthousiasmé, la France ivre de joie saluaient à la voix du canon Celui que vous venez d'acclamer.

Puis cinquante ans se passèrent : la grande race, chassée par un peuple ingrat, reprit le chemin de l'exil; et, comme il le quittait, un célèbre révolutionnaire dit au vieux Roi proscrit : *Gardez bien cet enfant, Sire : un jour la France aura besoin de lui.*

Il faut se rappeler cette parole ; et, tournant vers lui nos regards, je lui dirai : Grand et noble pays de France, le soldat de Dieu est en prière. Écoutez le cri de cet auditoire : venez, nous allons faire naufrage ; venez, nous périssons. Il vous faut pour sauver notre pays qui court à sa ruine. (Applaudissements.)

Voilà l'anniversaire que nous sommes réunis à fêter. Ce n'est plus seulemeut une réjouissance, un désir de le voir bientôt revenir parmi nous : c'est une question de vie ou de mort pour notre bien-aimée patrie ; c'est de savoir si nous resterons dans l'état où nous sommes, l'objet du mépris de l'Europe, ou si nous redeviendrons la grande nation rançaise, la fille aînée de l'Église.

Nous tous réunis ici, depuis les grands et les riches, depuis ceux qui ont l'honneur d'approcher de notre Prince et d'être appelés à son conseil, jusqu'aux plus humbles et aux plus pauvres, nous ne défendons pas seulement un principe, une opinion, mais encore et par-dessus tout la France, nous défendons notre foi, nos autels et nos enfants. Nous faisons, si je puis parler ainsi, un acte de dévouement, un acte de conservation sociale. (Applaudissements.)

Notre pays se trouve régi par une constitution votée en 1875, et dans laquelle je trouve un article qui permet de la réviser : car, à l'inverse des monarchies, qui conservent toujours les mêmes principes, quels que soient les souverains, les républiques changent de constitutions avec les gouvernants ou avec la majorité. C'est ce qui me faisait dire il y a quelques années que, quand la République était sortie de l'urne, on avait laissé au fond l'Espérance. (Cris de : « Vive le Roi ! »)

On a essayé de nous promettre, sous ce gouvernement, toute sorte de bienfaits imaginaires : liberté, prospérité, sécurité, etc. Enfin, lorsqu'on allait aux urnes, à qui ne disait-on pas : Prenez garde, votez bien ?

Ce mot a en France une signification particulière : il s'est appelé la Terreur, l'échafaud, la ruine ; il a même pu porter d'autres noms ; jamais il n'a dit : *stabilité*, *sécurité*, parce que de sa nature il est essentiellement changeant, n'étant conduit que par un souffle capricieux, qui s'appelle le suffrage universel.

Qu'a-t-il produit, ce fameux suffrage ? Hélas ! nous ne l'avons que trop vu, il n'a produit que la tempête, la ruine et d'étranges revirements dans les sphères gouvernementales ; et alors la barque, comme affolée, livrée à tous les vents, poussée tantôt d'un côté, tantôt d'un autre, s'en va à la dérive, jamais la main ferme d'un pilote ne se faisant sentir.

Je suis condamné par le temps qui me presse, Messieurs, à ne vous parler que très rapidement de ces choses.

Il faut ajouter qu'aucune des promesses faites n'a été tenue. On nous avait promis une république conservatrice, on n'en connaît pas encore les bienfaits ; on nous avait vanté les charmes d'une république athénienne : hélas ! la république athénienne est bien loin.

Le chef du pouvoir, sans autorité et sans prestige, disparaît et s'efface complètement derrière un pouvoir occulte et irresponsable, qui fait et défait à volonté les ministres, en nous précipitant vers la ruine la plus certaine.

On a parlé de liberté en France ; j'en doute. Nos maîtres ont leur liberté, et ils l'aiment tellement, qu'ils ne se croient libres que quand ils sont souverains; mais cette liberté est la liberté des autres, et jamais la nôtre. Cependant nous ne sommes pas une vile minorité. J'ai déjà eu le plaisir de parler, devant un grand nombre de Nantais, de notre foi dans une campagne qui ne sera jamais poussée avec trop de vigueur, parce qu'elle est faite en faveur de notre liberté religieuse. Mais aujourd'hui que nous sommes tous réunis, non seulement par la même foi religieuse, mais encore par la même foi politique, je puis vous parler plus intimement et adresser au pouvoir qui nous gouverne cette question: Qu'avez-vous fait de notre liberté ? (Applaudissements.)

Nous sommes justement jaloux de notre liberté et de notre foi religieuse, indignement attaquées, parce que nous sommes catholiques. (Oui! oui !)

Dans l'extrême Orient, quand on dit un Franc, on dit un Français, et par conséquent un catholique. Et c'est aux catholiques que l'on a déclaré la guerre ! on veut supprimer leur liberté.

On a été chercher de vieilles lois, absolument mortes, pour attaquer l'avant-garde de cette grande armée. L'avant-garde a succombé sous la force brutale. On donne à ces lois la forme de décrets, afin d'enchaîner toute liberté dans un pays où tous les bons citoyens se croyaient libres.

Demain ce seront d'autres violences annoncées; et quand on aura attaqué, quand on aura proscrit les congrégations, croyez-moi, le clergé séculier aura bientôt son tour, et n'aura qu'à se préparer à subir de nouvelles persécutions : car la guerre au cléricalisme n'est autre chose que la guerre au clergé et aux catholiques.

Et je leur dis encore : Qu'avez-vous fait de notre liberté ? Vous l'avez enchaînée, vous avez marché à la conquête de la France à la tête de votre parti ; vous nous avez opprimés, tyrannisés, proscrits même : et voilà la liberté dans le gouvernement sous lequel nous avons le bonheur de vivre !

Mais il ne suffit pas seulement de constater nos maux, il faut encore en chercher le remède. Le remède est notre espérance, le chercher est notre devoir. (Cris longuement répétés de : « Vive le Roi ! »)

Je commence à croire que c'est l'auditoire qui fait le discours.

Vous l'avez nommé plus éloquemment que moi par vos acclamations réitérées. Oui, c'est l'unique remède.

« Gardez bien cet enfant, Sire : un jour la France aura besoin de lui. »

Un demi-siècle, ce long espace de temps dans la vie d'un homme, s'est écoulé depuis que cette parole prophétique a été prononcée. Et pendant ce demi-siècle de grands faits se sont passés. Le Prince, dans l'exil, a gardé intact l'intégrité de son principe et de son caractère, n'a laissé perdre aucun de ses droits, aucune de ses prérogatives.

Un autre grand fait s'est passé. La France, la grande nation, a chancelé comme un homme ivre, hésitant entre le césarisme et la démagogie, entre la révolution endiguée et la révolution libre de tout frein, parce que rien n'a pu remplacer ce qui avait été détruit.

Et au milieu de ces ruines, de ces désordres, de ces faiblesses, de ces crimes, il s'est trouvé le grand parti royaliste, toujours digne, toujours fier, ne pactisant jamais avec la

Révolution, gardant sans tache son drapeau, intactes les traditions nationales, acceptant pendant cinquante ans le rôle de vaincu, attendant avec patience l'heure de la délivrance, vaincu, oui, fidèle toujours, déshonoré jamais ! (Applaudissements.) Alors le remède n'est pas perdu : nous l'avons encore, car nous avons l'espérance. Quand nous regardons vers l'exil, nous voyons notre Roi entouré de tous les hommages, et forçant même ses adversaires à lui rendre le tribut de leur admiration. Et cependant que de préjugés n'a-t-on pas eu à combattre ! préjugés dont sont imbues, hélas ! trop de personnes.

On a dit qu'il avait trop d'honneur, trop de vertus ; on a dit que la Restauration monarchique était impossible.

Je répondrai à ceux qui donnent ces raisons, non pas à nos adversaires, non pas à nos ennemis, mais à ceux qui dorment et qui attendent : Venez avec nous et travaillez comme nous.

On dit encore — et si la France n'aperçoit pas tout, c'est qu'un rideau de calomnies et de mensonges a été interposé entre lui et nous—

que le retour du Roi serait la conquête du pays au profit d'un parti. (C'est cela!)

Et ce sont nos conquérants d'hier, à la suite d'un scrutin qui leur donne la victoire, qui partage le pays en vainqueurs et en proscrits, qui osent nous accuser de vouloir un jour commettre leurs propres méfaits ! (Vifs applaudissements.)

Et cependant la vie du Roi est au grand jour. Lisez ses lettres, ses proclamations : partout il proteste avec indignation contre un pareil mensonge. Non, ce ne sera pas, comme le Christ janséniste, les bras serrés qu'il recevra les Français égarés; ce sera les bras étendus et le cœur ouvert. (Cris de : « Vive le Roi! » et applaudissements.)

Que ne nous a-t-on pas encore reproché ?

On nous a dit que le retour du Roi serait le retour de l'ancien régime. Oui, Messieurs, nous prendrons de l'ancien régime ce qu'il avait de bon. Nous en garderons le grand principe de l'hérédité, qui est une garantie certaine contre toutes les compétitions de ceux qui veulent arriver au pouvoir. Et d'ailleurs, ce principe n'est-il pas la constitution même de la France ? Et ceux-là qui donnent des constitutions à un peuple, ressemblent fort à un médecin qui, pour guérir un malade, voudrait changer son tempérament. Qu'arrive-t-il d'un pareil traitement ? C'est que bientôt le malade meurt. Nous sommes à la merci d'un empirique qui, pour nous guérir, se sert des remèdes de ce médecin, et le résultat final est le même.

Voilà ce qu'ils appellent le retour à l'ancien régime. Le Roi l'a dit : Pour toūt le reste, pour ce qui forme l'apanage de la nation, tout sera respecté.

Le Roi sera le gardien de la liberté commune et le continuateur de toutes les glorieuses traditions. Mais il ne veut point revenir dans sa patrie pour être un sujet de divisions ; il veut revenir pour la sauver : il l'a dit hier ; il l'a répété encore aujourd'hui ; il en a non seulement l'ardeur, il en a la passion. (Bravos ! — Les cris de : « Vive le Roi ! » couvrent la voix de l'orateur.)

Jadis un roi de Prusse disait : « Si j'étais roi de France, pas un coup de canon ne se tirerait en Europe sans ma permission. » Et les voyageurs qui, autrefois, visitaient notre pays, disaient : C'est le plus beau royaume de l'univers. N'ai-je pas le droit de leur demander : Que voulez-vous faire de la France? Ils veulent en faire une France sans aïeux, une sorte de bâtarde qui n'ait pas d'ancêtres, qui ne commence qu'à eux, qui n'ait pour pères que d'illustres scélérats, comme on les a si justement appelés, et dont une plume acerbe, ici présente, a si bien déchiré la légende.

Et comme les bâtards ne connaissent rien autour d'eux et veulent tout transformer, ils veulent que la France renie son glorieux passé, ainsi que ses nobles traditions.

Quand Dieu simplifie, c'est pour édifier. La mort du prince impérial a fait disparaître un parti comptant de nombreux adhérents, et dont beaucoup sont venus grossir nos rangs. Il ne reste plus, pour continuer les traditions impériales, qu'un homme que ses partisans mêmes repoussent avec horreur.

La République périt par ses excès mêmes : nous n'avons point à la combattre, nous n'avons qu'à assister à son trépas. Les divisions la déchirent ; et tôt ou tard elle tombera dans la boue, objet du mépris de tous.

Un pape a dit : Les Français font des sottises toute la journée, et Dieu travaille la nuit à les réparer. On a dit, quand la France aveuglée voyait son Roi monter à l'échafaud, qu'il se formerait un gouffre immense que les générations futures seraient longtemps à combler. Donc, il n'y a plus de république conservatrice, plus d'empire conservateur.

Il faut donc prendre un parti. Le seul honnête, c'est la Monarchie, c'est la restauration catholique de la France.

Avec elle, et avec elle seule, nous aurons la vraie liberté : non pas la liberté de cracher sur les choses saintes, non pas la liberté de faire monter la rougeur sur les fronts honnêtes ; mais la liberté dans le bien, la seule vraie, la seule digne.

Il y a en ce moment en France des citoyens chassés de leur domicile, traqués comme des bêtes fauves, qui partout cherchent des juges et qui n'en trouvent pas, et sont réduits à plaider devant leurs propres ennemis.

Eh ! Messieurs, seule, la Monarchie pourra

vous donner la vraie liberté, vous assurer le respect de la religion. Raffermissons donc notre foi, raffermissons notre espérance. Mais pourquoi prononcer ces paroles ici? je parle dans une Bretagne meilleure que moi. Je termine en vous disant : Soyez convaincus d'une chose : la République vous tuera, la Monarchie vous sauvera ! (Applaudissements, cris répétés de : « Vive le Roi ! vive M. Ernoul! »)

Quand l'orateur se rassied, il est salué de nouveau des cris de : « Vive le Roi ! vive M. Ernoul ! »

DISCOURS DE M. ANDRÉ BARBES

Messieurs,

Je me demande s'il m'est permis d'interrompre par un discours les acclamations enthousiastes qui s'échappent encore de vos cœurs !...

Il me semble que ce cri de « Vive le Roi ! » répété à cette heure sur toute l'étendue du territoire, est à lui seul un témoignage assez éclatant du retour des esprits vers la cause que nous servons.

Il me semble qu'il est inutile de démontrer par un raisonnement ce qui s'impose par les faits avec une plus grande force et une plus haute éloquence.

Et d'ailleurs, demain, les attaques violentes que nos adversaires ne manqueront pas de diriger contre les manifestations royalistes, achèveront de donner à ces manifestations et leur caractère et leur importance.

Cependant la réunion à laquelle j'ai l'honneur d'assister ce soir, me paraît avoir, plus que toute autre, une importance considérable et un caractère saisissant.

Qu'on veuille bien y songer :

Nous nous trouvons ici au seuil du faubourg Saint-Antoine, au seuil de ce faubourg dont le nom sonne comme le tocsin de la guerre civile, au seuil de ce faubourg d'où est toujours partie l'avant-garde de l'émeute. Nous sommes ici dans l'un des camps retranchés de la Révolution... Eh bien ! dans ce quartier, sur ce sol même, où l'on retrouverait encore la trace des barricades, aujourd'hui des ouvriers se montrent encore debout; mais ce ne sont pas des insurgés, le fusil à l'épaule : ce sont des citoyens pacifiques, qui, dans l'honnêteté de leur conscience et dans la plénitude de leur droit, viennent acclamer l'Auguste Représentant de la Monarchie Nationale et protester contre la tyrannie d'une faction révolutionnaire, dont le gouvernement n'a pas même pu conserver les apparences de la légalité. (Applaudissements.)

Ah ! Messieurs, vous offrez ce soir un spectacle digne de fixer l'attention ; spectacle bien fait pour raffermir nos cœurs, s'ils n'avaient pas gardé cette espérance opiniâtre que doivent garder les serviteurs d'une grande cause de justice et de vérité.

Cette œuvre merveilleuse de transformation s'est accomplie grâce aux efforts d'hommes dévoués, d'hommes pleins de foi, pleins de patriotisme, pleins de zèle. Ces hommes n'ont épargné ni leur temps ni leur peine, ils ont su grouper autour d'eux toutes les bonnes volontés éparses, les réunir en faisceau, et en constituer une force sur laquelle aujourd'hui on peut et on doit compter.

Oui, à ce moment, — je suis heureux de le constater, — on peut compter dans ces quartiers ouvriers sur une phalange déjà nombreuse de vaillants et de fidèles, prêts, je le sais, à marcher en tête de cette grande armée de bons citoyens qui se reforme autour du drapeau du Roi. (Applaudissements.)

Je ne regrette qu'une chose : c'est que ma voix ne soit pas assez autorisée pour que je puisse me permettre d'offrir ici à tous nos amis, ouvriers de la première comme de la dernière heure, mes félicitations et mes remerciements. (Applaudissements.)

Qu'il me soit permis cependant de payer une dette particulière de reconnaissance, — d'autant plus que cela ne m'arrivera jamais pour une autre cause, — qu'il me soit permis de remercier le gouvernement de la République! (Mouvement d'attention.)

On serait véritablement injuste si on ne reconnaissait pas que, plus que personne, la République a contribué à ruiner la République. (Bravos.) Par les injustices qu'elle a commises, par les violences qu'elle a exercées, par les turpitudes qu'elle a laissées s'accomplir, elle nous a rendu de grands services, car elle a avancé prodigieusement l'heure de sa chute. (Salve d'applaudissements.)

Je ne le nie pas, il est un bienfait, — un seul ! — que la République peut procurer au pays : c'est de le délivrer d'elle-même ! Montrons-nous donc généreux, Messieurs, et remercions la République, puisqu'elle va si bien au-devant de nos désirs. (Applaudissements.)

Personne ne peut contester que les illusions qu'elle entretenait dans les esprits, ne se soient généralement dissipées : mots à effets, maximes trompeuses, déclarations mensongères, tout est percé à jour ; et nous pouvons constater un fait : c'est que personne n'a mieux démontré l'inanité des formules et l'impuissance du régime républicain que les républicains eux-mêmes. Qu'y a-t-il d'étonnant, dès lors, que les bons citoyens se retournent du côté de la Monarchie, et viennent lui demander ce que la République ne saurait leur donner : LA JUSTICE, LA LIBERTÉ et LE TRAVAIL ?

Voilà, Messieurs, en trois mots les conditions d'un régime véritablement populaire. Et, chose étrange, c'est le gouvernement qui s'intitule démocratique qui peut le moins donner de garanties à cet égard, c'est le prétendu gouvernement du peuple par le peuple qui se préoccupe le moins des intérêts de ce dernier. (Applaudissements.)

Je crois utile, Messieurs, dans notre réunion de ce soir, de remplir les intentions de Celui dont nous fêtons le royal anniversaire : « Quels que soient les desseins de la Provi- « dence sur moi, » a dit Monsieur le Comte de Chambord, « je n'oublierai jamais que le « grand Roi Henri IV, mon aïeul, a laissé à « tous ses descendants l'exemple et le devoir « d'aimer le peuple. C'est là un héritage qui « ne peut m'être enlevé ; et mes amis ne sau- « raient me rendre un meilleur service que « de faire connaître ces sentiments, qui sont « dans mon cœur. »

Aussi bien, pour remplir les intentions du Roi et pour dégager de cette réunion une con- clusion pratique et nécessaire, je crois devoir vous montrer rapidement combien les inté- rêts du peuple sont sacrifiés dans une républi- que démocratique, combien au contraire ses intérêts seront protégés et respectés par cette Monarchie qui a fait l'émancipation des communes, et qui seule peut travailler à la prospérité morale et matérielle des travail- leurs et de la nation entière.

Dire au peuple que, dans une démocratie,

il est le maître de ses destinées, lui parler de liberté et de solidarité, c'est peut-être assez pour amener les foules à la République, mais ce n'est pas assez pour les retenir et les attacher. (Applaudissements.)

Le jour où, comme à cette heure, il est démontré que le gouvernement démocratique n'est que le gouvernement d'une minorité audacieuse; le jour où il est démontré que cette prétendue démocratie n'est qu'une aristocratie de bohèmes, prêts à faire verser le plus pur sang de la France, dans leur intérêt personnel; le jour où l'on a constaté que depuis dix ans qu'ils sont au pouvoir, ces faux amis du peuple n'ont fait que s'en servir pour les aider à édifier leur fortune politique et leur fortune particulière : ce jour-là le peuple ne tarde pas à se lever et à chasser de son bras puissant cette horde d'exploiteurs rassasiés ! (Bravos, applaudissements répétés.)

Voyez ! déjà il se manifeste dans ces ateliers où l'on se préocupe plus de travail, d'ordre et d'économie, que de stérile et mauvaise politique, une lassitude, un dégoût profond pour cette République dont l'œuvre législative n'a pas encore comporté l'étude approfondie d'une seule question ouvrière !

De temps en temps, en manière de réclame électorale, les députés républicains, qui ont le profit de représenter le peuple... (acclamations, bravos)... proposent bien la création de caisses de secours, de caisses de retraite pour les vieux ouvriers de l'industrie, ou quelque autre palliatif impuissant ; de temps en temps leurs orateurs parlent, dans des réunions publiques ou privées, d'accord, d'union, d'entente entre les ouvriers : mais ils se contentent d'en parler ; et lorsqu'on leur demande quel est leur dernier mot en présence de ces questions redoutables, ils ne peuvent que répondre par une déclaration de guerre sociale !

Et le travailleur assiste avec une sorte de stupeur à des crises politiques dont il n'a pas le secret !

Il assiste avec écœurement à des changements ministériels incessants ; et que voit-il ? Chaque fois que des hommes nouveaux sont appelés aux affaires, il s'aperçoit qu'on ne recherche en ces hommes ni l'intégrité de la vie ni les aptitudes au gouvernement ; on recherche en eux une âme plus basse, pour pouvoir se plier plus servilement à toutes les fantaisies d'un dictateur occulte et aux exigences des passions révolutionnaires. (Applaudissements.)

Voilà ce qu'il voit, voilà ce qu'il s'avoue, voilà ce qu'il commence à dire hautement. (Nouvelle salve d'applaudissements.) Il dit que la République, qui a commencé par être le règne de l'incapacité, est devenue le règne de l'avilissement et de l'indignité ! (Bravos prolongés.)

Les intérêts des ouvriers ? Que vient-on dire à ces sommités démocratiques ? Les intérêts du peuple ? le travail ? la prospérité ? Mais il semble qu'il peut suffire aux ouvriers qu'on leur parle de ces choses, et que le peuple doit se déclarer satisfait quand ses gouvernants ont bien dîné et émargé de gros appointements. (Rires et applaudissements.)

Quand je dis « le peuple », Messieurs, je n'entends pas faire d'exception : il s'agit aussi bien, dans ma pensée, de nos amis politiques que de ceux que j'ai le regret de voir encore dans les rangs de nos adversaires.

Pour les républicains, il est vrai, le peuple se compose d'ouvriers qui font passer la politique avant le travail, de déclassés ou de vétérans de l'émeute ; tandis que vous, ouvriers honnêtes et laborieux, chefs de famille vivant d'ordre et d'économie, faisant régner à votre foyer de travailleur les lois de l'Honneur et du Respect, vous, nos amis, vous n'êtes pas le peuple, et nul compte ne doit être tenu de vos vœux !....

Les royalistes ne sauraient établir de ces distinctions. Ils reconnaissent que tout homme qui travaille a droit à voir améliorer sa situation, et que le gouvernement a le devoir de s'en préoccuper. C'est à cet égard qu'on a pu dire avec vérité : Les peuples ont le droit d'être gouvernés, et les rois ont le devoir de les gouverner. (Applaudissements.)

Je le répète, le gouvernement de la République, pressé de toutes parts — et avec raison — d'apporter une solution à ces hautes questions, avoue son impuissance en disant avec le chef de l'opportunisme : *Il n'y a pas de question sociale !*

Le dernier mot de la république opportuniste est donc une négation, comme le dernier mot de la république radicale et socialiste est la guerre à ceux qui possèdent.

Ouvriers intelligents et honnêtes, vous n'accepterez ni l'une ni l'autre de ces solutions.

Permettez-moi de vous montrer maintenant combien est grande la sollicitude de la Monarchie pour les ouvriers.

Dès 1865, le Prince appelait l'attention de ses amis sur les questions sociales, et retraçait un tableau complet de ce qu'avait fait la Royauté pour la classe si intéressante des travailleurs.

Après avoir rappelé que la Monarchie avait toujours été la patronne des ouvriers et la protectrice de leurs intérêts, il en donnait comme preuve les établissements de saint Louis, les règlements des métiers, le système des corporations, des jurandes et des maîtrises.

Puis il déplorait l'œuvre révolutionnaire qui, au lieu d'améliorer ces institutions, les avait détruites et ne les avait pas remplacées. Enfin, il proposait, comme remède au mal présent, d'opposer l'association à l'individualisme, d'accorder le droit d'association avec les garanties que comporte la paix publique, et il proclamait la nécessité de permettre aux ouvriers de se concerter librement, en vue de la défense de leurs intérêts communs.

Il déclarait enfin qu'il fallait créer, sous le nom de syndicats, de délégation ou de représentation, des associations chargées de régler à l'amiable les différends relatifs aux conditions du travail.

« Qui ne voit d'ailleurs », disait le Prince, « que la constitution volontaire et réglée de « corporations libres deviendrait un des élé- « ments les plus puissants de l'ordre et de « l'harmonie sociale, et que ces corporations « pourraient entrer dans l'organisation de la « commune et dans les bases de l'électorat « et du suffrage? considération qui touche un « des points les plus graves de la politique de « l'avenir. »

Ah ! Messieurs, toute comparaison avec les discoureurs républicains serait injurieuse pour le Fils de nos Rois. Je ne la ferai point. Mais ne reconnaissez-vous pas que ces lignes si larges, si élevées, d'une haute et féconde politique, n'ont pu être tracées que par une main royale et paternelle, digne de porter le sceptre de Henri IV, le plus populaire de nos Rois ? (Cris répétés de « Vive le Roi ! » Applaudissements.)

Je ne connais rien de beau, rien de grand, comme la sollicitude de ce Prince que l'exil retient, presque depuis sa naissance, sur la terre étrangère, et qui, se sachant bien le Roi et le Père de son peuple, consacre chaque jour, chaque heure de sa vie, à étudier les moyens qui peuvent rendre le peuple plus prospère, ses amis, ses enfants plus heureux ! (Cris de : « Vive le Roi ! » Acclamations prolongées.)

Bien contrairement à ce qu'a dit l'oracle de la République : *Il n'y a pas de question sociale*, nous vous répétons avec le Roi qu'il y a des réformes légitimes à apporter dans la situation des travailleurs. Et ce sera l'œuvre de la Monarchie. (Oui ! oui ! Vive le Roi !)

A mesure qu'une nation marche à travers les siècles, les conditions de sa vie économique se modifient nécessairement, et c'est le propre d'un gouvernement éclairé de savoir mettre en harmonie ses institutions sociales avec les besoins des temps. Il est à peu près indifférent pour le bonheur et la grandeur d'un peuple que sa constitution politique soit plus ou moins parfaite, si ses lois économiques ne se transforment et ne s'améliorent progressivement.

L'idéal pour une nation serait de vivre dans l'immobilité du principe de sa constitution politique, et de ne répandre son activité que dans la recherche du progrès social.

C'est cet idéal, Messieurs, que la France atteindra en rentrant dans les voies de sa première prospérité, en reprenant son rang et sa place en tête des grandes monarchies de l'Europe et du monde. Plus que jamais nous pouvons en exprimer hautement l'espérance, lorsque nous voyons, malgré les défaillances de l'heure présente, de si touchants et de si nobles exemples de fidélité au principe monarchique. Et parmi ceux que nous donne ce soir la France entière, cette réunion royaliste d'ouvriers du faubourg Saint-Antoine est assurément, de toutes les manifestations qui ont lieu à l'occasion de l'anniversaire du Roi, celle qui l'emporte de beaucoup en portée et en signification.

L'heure du triomphe arrivera, soyez-en sûrs ! La violence n'a qu'un temps, la vérité finit toujours par vaincre. Et elle peut être patiente, puisqu'elle est éternelle, comme Dieu ! (Applaudissements.)

Mais quelle que soit notre confiance dans l'action providentielle, souvenons-nous surtout que nous avons, comme citoyens, des devoirs à remplir... (Oui ! oui !) Organisons-nous, disciplinons-nous, préparons-nous aux luttes électorales, et donnons aussi l'exemple de l'entente et de la résolution ; enfin, résistons avec la dernière énergie aux entreprises violentes de la Révolution.

Je le sais, il est difficile de demeurer l'arme au pied, lorsque partout autour de soi tonne la bataille, lorsque nos droits et nos libertés sont attaqués de toutes parts.... Messieurs, imitons ces troupes valeureuses à qui Dieu donne toujours la victoire: attendons l'heure de l'action décisive, calmes, résolus et serrés autour de notre drapeau !

(Triple salve d'applaudissements. — Vive le
Roi !)

Le signal de l'action décisive nous sera
donné... peut-être demain ! (Bravos !) Alors,
Messieurs, nous nous élancerons tous avec
joie dans cette mêlée des partis de désordre,
alors nous monterons avec entrain à l'assaut
de cette citadelle républicaine où l'honneur
de la France est emprisonné, alors nous reprendrons votre vieux cri de guerre, ô Vendéens !... (Vivent les Vendéens !)

Ah ! tenez, laissez-moi m'interrompre pour
donner un salut de bienvenue à ces généreux
fils de la Vendée, qui semblent nous avoir
apporté ici quelque chose de cette terre où
chaque paysan peut devenir un héros. J'ai
senti passer en mon cœur ces nobles frissons
d'enthousiasme royaliste, lorsque j'ai pu avec
eux, au milieu d'eux, saluer dans sa vieillesse
glorieuse l'orme sacré de Fonteclose, où fut
arboré le drapeau blanc du grand Charette...
(Cris répétés de « Vive le Roi ! vivent les Vendéens ! vivent les ouvriers de Paris ! »)

Oui, Vendéens, nous reprendrons bientôt
votre vieux cri de guerre ; mais ce sera un cri

de paix et de délivrance, et nous vaincrons après avoir combattu comme vous : POUR DIEU, POUR LA FRANCE ET POUR LE ROI !

(Triple salve d'applaudissements. L'orateur est entouré et félicité par les ouvriers groupés au pied de la tribune.)

ÉPILOGUE

Le 25 octobre, à la Roche-sur-Yon, dans un grand banquet vendéen, le général de Charette prononçait le nouveau discours que voici :

« Un vieux proverbe dit : « Le silence est « d'or. » Il aura tort aujourd'hui : car Vendéen je suis, et je suis fier de me trouver au milieu de mes compatriotes. Je veux parler à cœur ouvert. (Bravos, applaudissements, cris de : « Vive Charette ! »)

« Je vous l'avoue, mes amis, quelque bonheur que j'éprouve en ce moment, je préférais le rôle de mon grand-oncle lorsque les laboureurs, les gars de la contrée venaient lui demander de se mettre à leur tête, et le contraignaient presque à prendre la défense de leurs droits outrageusement violés ! (En avant ! A bas les crocheteurs ! D'une voix forte et claire, un laboureur s'écrie avec conviction : « Que le diable les emporte ! » Les cris éclatent et les acclamations redoublent.)

« Ce sera votre honneur suprême, habitants du Bocage et de la Vendée tout entière, d'avoir été les premiers à vous lever. (Hourra ! Vivent les Chouans !) Mais il y a entre vous et nous un contrat qui a toujours existé et qui ne finira qu'avec la mort. Dans beaucoup de partis on ne pourrait en dire autant : souvent les chefs partent, les soldats restent et meurent ! (Immenses acclamations ; cris de : « Vive Charette ! ») Mais, sans préjudice des appels de l'avenir, il est de notre devoir actuel de nous défendre par tous les moyens possibles : car de toutes nos libertés la plus précieuse est attaquée, celle d'élever nos enfants comme le furent nos pères, nos pères morts comme vous le savez, en défendant leurs foyers, leurs familles, leur Roi et leur Dieu ! (Vive la Roche-jaquelein ! vive Charette !)

« Les voyez-vous, nos maîtres d'aujourd'hui, s'attaquer à de pauvres gens qui prient?

Les voyez-vous, ces hommes, forçant les portes des monastères, parce que les religieux adorent un Dieu qui n'est pas le dieu État ? Les voyez-vous violant le domicile privé ? Qui sera en sûreté demain ? Les voyez-vous dispersant toutes les congrégations enseignantes, parce que les hommes religieux ont toujours été les premiers devant l'ennemi, que cet ennemi s'appelle l'étranger ou s'appelle l'anarchie ? (Émotion prolongée.)

« Ah ! je le répéterai ici : je demande une religion d'État, parce que ceux qui veulent l'État sans Dieu, ne peuvent, même s'ils le voulaient, être tolérants ; ne croyant à rien, ils ne peuvent même pas être justes. Étrange justice, en effet, que celle qui refusait hier à un général accusé le droit à la défense, le droit à la lumière ! (Cris de : « Vive l'armée ! vive la justice ! »)

« Eh bien ! Vendéens, je reviens à nous et à nos libertés. Croyez-vous que cet état de choses puisse durer longtemps, et qu'on puisse attaquer impunément des citoyens paisibles dans leurs croyances les plus chères ? croyez-vous que Dieu ne suscitera pas un incident

quelconque qui nous permette enfin de re-
vendiquer la liberté de nos consciences ?
(Vive la Religion ! vive Dieu ! vive le Roi !)

« La guerre de Vendée s'est faite sur la question religieuse, sur la question politique, et
aussi sur celle des intérêts menacés. Nous
voici revenns à la question religieuse, qui est
en même temps la question politique ; quant
aux intérêts matériels, dont le dévelop-
pement mensonger enorgueillissait si fort
nos adversaires, il suffirait de bien peu de
chose pour renverser ce colosse aux pieds
d'argile ! (A bas la Révolution ! Vive le Roi !)

« Je ne demande rien, si ce n'est la grandeur
de mon pays et sa prospérité. Je crois à sa
régénération prochaine, parce qu'un gouver-
nzment ne touche jamais impunément aux
sentiments intimes qui font la gloire d'une
nation ; et je vous affirme que sans le Roi
nous ne pourrons avoir la liberté du devoir
ni celle de la conscience. (Vive Charette ! vive
le Roi ! vive la liberté !)

« Une vieille chanson a bercé mon enfance.
Elle était vendéenne, n'en doutez pas. Son
auteur est M. le comte Édouard de Monti,

mort il y a quelques années au service de son Roi.

> Quand reviendra l'orage,
> Amis, nous serons là,
> Et l'écho du Bocage
> Redira : « Nous voilà ! »

« Eh bien ! l'orage est là qui nous menace de toutes parts. Nos ennemis veulent tout détruire, jusqu'à la croix, symbole de nos croyances et signe de notre rédemption.

« Vendéens, l'heure est proche ; et pendant qu'ils se livrent à des actes de basse tyrannie, avant qu'ils arrivent à la réalisation de leur programme, c'est-à-dire à la Commune, Vendéens, nous serons là, autour de notre Roi et de son drapeau, pour défendre nos familles, nos enfants, notre Dieu, et ce beau Royaume qui s'appelle la France. (Vive le Roi ! vive la France ! vive Charette !) »

L'enthousiasme était à son comble. Pendant plus d'une heure les laboureurs et les *gars* du Bocage et de la Vendée défilèrent, prenant la main du général et la lui serrant en engageant leurs serments. *L'Union* et *la France nou-*

velle ont rapporté presque identiquement les termes dont se servirent ces vaillants chrétiens.

Un vieux paysan : «Le grand-père, le grand-« oncle, le père, les frères, sont morts pour « votre famille. J'ai sept fils : ils sont à vous, « pour le Roi. Bonjour!»

Le lien est renoué. La France catholique et royaliste est debout comme en 1790, prête à se défendre contre la République et contre la Commune.

COLLECTION DE BROCHURES

A 25 CENTIMES

POUR LES TEMPS ACTUELS

Qu'est-ce qu'un Jésuite? par CH. BUET. Brochure in-18 de 36 pages.

A quoi servent les couvents? par M. l'abbé A. LAURENT, docteur en théologie. 3ᵉ édition. Brochure in-18 de 106 pages.

Les Œuvres ouvrières devant la famille, par le même. Brochure in-18 de 40 pages.

Des Devoirs du chrétien dans la vie civile, par Mgr FREPPEL, évêque d'Angers. Br. in-18 de 36 p.

La Question de l'Enseignement, par Mgr LANDRIOT. Brochure in-12 de 32 pages.

La Première aux radicaux : **Les Conseillers municipaux,** par un laïque. Br. in-18 de 64 pages.

Seconde aux radicaux : **Les Faux Républicains,** par l'auteur de *la Première aux radicaux.* Brochure in-18 de 64 pages.

Nobles et Paysans, ou Rapports qui devraient exister entre les châteaux et les campagnes. Brochure in-18 de 128 pages.

Nos Réformateurs libres penseurs, par ERNEST CARON, instituteur laïque et libre à Paris. Brochure in-18 de 128 pages.

Le Peuple et ses Représentants, par un homme du peuple. Brochure in-18 de 64 pages.

Une Solution de la question ouvrière, par GUÉNEBAUT (ANGE DES URSINS), ancien rédacteur en chef des journaux *l'Océan* (de Brest) et *le Courrier du Berry.* Brochure in-18 de 64 pages.

L'Internationale. — Son origine, — ses doctrines, — son but, — son organisation. — ses ressources, — par A. PETIT-BARMON, rédacteur en chef du *Poitou.* Brochure in-18 de 64 pages,

Plaies sociales, par G. D'ALBRAYS. Brochure in-18 de 64 pages.

Pierre Olivaint, petite esquisse d'un grand portrait, par PAUL FÉVAL. Brochure in-18 de 36 pages.

Vieux Mensonges, par le même. In-32 de 32 p.

Le Denier du Sacré-Cœur, par le même. Brochure in-18 de 64 pages.

L'Outrage au Sacré-Cœur, par le même. Brochure in-32 de 32 pages.

Notre-Dame de Sion, par le même. In-18, 36 p.

Le Pélerinage de Tours, visite au sanctuaire de Saint-Martin, par le même. In-18 de 36 pages.

Lettre de M⸍ Freppel à M. Gambetta, en réponse au discours de Romans. Brochure in-18 de 24 p.

Remarques de M⸍ l'Evêque d'Angers sur le rapport de M. Spuller. Brochure in-32 de 32 pages.

L'Eglise et l'Etat, leurs rapports et leurs droits. Brochure in-18 de 36 pages.

Causeries électorales. *De l'Action du clergé dans les élections, ou le prêtre a-t-il le droit de s'occuper de politique?* Brochure in-18 de 72 pages.

Lettres de Jacques Bonhomme sur les choses du jour. 3 brochures in-18 de 36 pages.

L'Inquisition, par EMILE CAMAU. In-18 de 36 p.

La Dîme, la Corvée et le Joug, par un ami du peuple. Brochure in-18 de 36 pages.

Nos Missionnaires. Brochure in-18 de 36 pages.

Nos Soldats, par le général AMBERT. In-18 de 36 p.

Les Ignorantins, par un disciple de l'enseignement obligatoire. Brochure in-18 de 36 pages.

Les Francs-Maçons dévoilés par eux-mêmes. Brochure in-18 de 36 pages.

Opinion de M. de Bismarck sur les affaires de France. Brochure in-18 de 36 pages.

Clérical et Radical. Brochure in-18 de 36 pages.

Monarchie et République. In-18 de 36 pages.

Qui a fait la France? par un patriote. In-18, 36 p.

L'Ouvrier du temps jadis. In-18 de 36 pages.

NOC·TU·DI — U·QUE·INCUBA — N·D — O
C. F.

9 782013 241526